# A LA
# VANGUARDIA
## ADELANTOS EN TECNOLOGÍA

T0136511

**Jennifer Kroll**

# Consultores

**Timothy Rasinski, Ph.D.**
Kent State University

**Lori Oczkus**
Consultora de alfabetización

**Basado en** textos extraídos de
*TIME For Kids. TIME For Kids* y el logotipo
de *TIME For Kids* son marcas registradas
de TIME Inc. Utilizados bajo licencia.

## Créditos de publicación

Dona Herweck Rice, *Jefa de redacción*
Conni Medina, *Directora editorial*
Lee Aucoin, *Directora creativa*
Jamey Acosta, *Editora principal*
Heidi Fiedler, *Editora*
Lexa Hoang, *Diseñadora*
Stephanie Reid, *Editora de fotografía*
Rane Anderson, *Autora colaboradora*
Rachelle Cracchiolo, *M.S.Ed.,*
    *Editora comercial*

**Créditos de imágenes:** págs. 14–15, 18,
30–31 Alamy; págs. 52–53, 57 Associated
Press; págs. 14, 31 (abajo), 45, 56 Corbis;
pág. 42 Eyejusters Ltd.; págs. 15 (arriba),
20, 30, 32, 43, 46, 52 Getty Images; pág.
35 (arriba) Georgia Tech; págs. 32–33
iStockphoto; págs. 4–5 AFP/Newscom;
pág. 6 Brian Kersey/UPI/Newscom; págs.
12–13 Helle, Jochen/artur/Newscom;
pág. 27 AFP/Getty Images/Newscom;
pág. 35 (centro) Tannen Maury/EPA/
Newscom; pág. 44 Bernd Settnik/dpa/
picture-alliance/Newscom; págs. 48–49
imago stock&people/Newscom; pág. 24
NASA; págs. 7, 8–9, 11, 16–17, 22, 39,
40–41, 51, 54–55 (ilustraciones) Matthew
Tiongco; págs. 19 (arriba), 24–25, 38, 54
Photo Researchers Inc.; pág. 35 (abajo) Tufts
Universtiy; todas las demás imágenes de
Shutterstock.

## Teacher Created Materials

5301 Oceanus Drive
Huntington Beach, CA 92649-1030
http://www.tcmpub.com
**ISBN 978-1-4333-7180-6**
© 2013 Teacher Created Materials, Inc.

# Tabla de contenido

# Más grande, mejor, más inteligente

Estamos en el siglo XXI. Nuestro mundo cambia rápidamente. Tenemos automóviles que hablan, robots que juegan al fútbol y teléfonos que hacen mucho más que hablar. Podemos "imprimir" órganos nuevos. O ir en busca de extraterrestres. Es difícil imaginar cómo sería nuestra vida sin tecnología. Y todo esto es posible gracias a personas creativas que usan computadoras de vanguardia. Algunos inventos hacen nuestra vida más fácil. Otros nos vuelven más productivos. Los más fascinantes inspiran nuevas ideas.

científico trabajando con la tecnología más innovadora

# PARA PENSAR

- ¿Cómo han mejorado nuestra vida los avances tecnológicos?

- ¿Cómo nos ha complicado la vida la tecnología?

- ¿Qué tecnologías te gustaría que se desarrollaran?

# En movimiento

En el mundo actual siempre estamos moviéndonos. Con tantos medios de transporte, es fácil llegar adonde queramos. De hecho, podríamos estar en la otra punta del mundo mañana.

## Automóviles voladores

Hoy en día puede parecer que los automóviles nos llevan, en lugar de nosotros a ellos. Los más innovadores pueden aparcar solos. Pueden leer mensajes de texto y llamar al 911 sin la ayuda de los ocupantes. Hasta hay un automóvil que vuela. Parece un helicóptero pequeño. Pero está diseñado para volar por el aire y rodar por tierra. Se espera que los automóviles voladores se pongan a la venta en 2014.

prototipo de automóvil

### UN CONDUCTOR CONVERTIDO EN PASAJERO

En el futuro, quizá los conductores no tengan que conducir apenas. Los fabricantes de automóviles ya están probando modelos que conducen solos. Quizá algún día podremos relajarnos mientras las computadoras de los automóviles nos llevan.

## EL FONDO DEL ASUNTO

Los fabricantes de automóviles saben que es fácil que los conductores se distraigan al volante y eso puede ser peligroso. Los investigadores tratan de encontrar la forma de hallar pistas en el cuerpo del conductor. Los cambios en la temperatura, el ritmo cardíaco o la respiración podrían indicar que está estresado. Los investigadores quieren descubrir cuándo realizar una llamada o cambiar de canción en el reproductor de MP3 es seguro y cuándo puede ser mortal. Si el automóvil detecta la diferencia, podría ayudar al conductor a prestar atención a la carretera cuando más se necesite.

Los sensores del volante vigilan la temperatura de la cara del conductor. Las situaciones de estrés pueden hacer que fluya más sangre hacia esta zona y aumente su temperatura.

Los termómetros de la base del volante comparan la temperatura del interior del automóvil con la del conductor. Una temperatura más elevada podría indicar que al conductor lo distrae el tráfico.

El cinturón de seguridad vigila la frecuencia respiratoria. En caso de condiciones difíciles, el conductor puede ponerse tenso y comenzar a respirar más rápidamente.

7

# ROBOTS INDUSTRIALES

Los primeros vehículos eran muy caros, ya que se construían uno por uno. Para reducir los precios, Henry Ford desarrolló una **cadena de montaje** que facilitó el trabajo. Los trabajadores se especializaron en distintas etapas y trabajaban en su parte del automóvil en cuanto estaba lista. Cada día podían fabricarse cientos de automóviles. Actualmente, siguen fabricándose en una cadena de montaje. No obstante, en lugar de personas, miles de robots realizan la mayor parte del trabajo en la actualidad.

trasladar objetos pesados

soldar o pegar

Ford fabricó y vendió más de 250,000 automóviles del modelo Ts en 1915. Hoy en día, Toyota fabrica unos 11,000 automóviles al día. ¿Sabes calcular cuántos automóviles fabrica Toyota en un año?

# LOS ROBOTS Y LAS MÁQUINAS

¿Cuál es la diferencia entre un robot y una máquina? Los expertos suelen debatir acerca de esta pregunta, pero estos son los elementos clave que, según la mayoría, hacen que un robot sea más que una simple máquina:

- perciben y modifican su entorno
- actúan como humanos o animales
- controlan sus propios actos
- toman decisiones
- tienen extremidades mecánicas móviles

colocar los asientos

pintar

instalar los componentes electrónicos

# El combustible del futuro

En la actualidad, la mayor parte de los automóviles funcionan con gasolina. Sin embargo, los gases pueden dar lugar a la **contaminación** del aire. En el futuro, los coches funcionarán con otros tipos de combustible. Los automóviles **híbridos**, que funcionan con gasolina y electricidad, son una mejor apuesta. También está aumentando la popularidad de los eléctricos. Finalmente, los automóviles podrían alimentarse de combustible obtenido de las plantas o incluso de luz solar.

## AUTOMÓVILES DIMINUTOS

Quizá los automóviles del futuro sean más pequeños que los de hoy en día. Ya se ven algunos diminutos en la carretera. No consumen tanta gasolina como los automóviles grandes y algunos funcionan con electricidad. Los vehículos diminutos son muy prácticos en las ciudades con mucho tráfico, en las que cuesta encontrar aparcamiento.

Este modelo muestra cómo podrían ser los automóviles del futuro.

## H₂O PARA LLEVAR

Algunos automóviles híbridos usan pilas de combustible de hidrógeno para producir energía. El gas hidrógeno es la *H* del $H_2O$ (agua). Las pilas de combustible de hidrógeno toman este gas y lo unen con oxígeno. Esto produce energía y algo de vapor.

energía en forma de agua o calor

hidrógeno

pila de combustible

oxígeno

# Trenes gigantescos

Las personas consumimos más de tres mil millones de toneladas de productos cada año. Los juguetes, los libros, los juegos y los alimentos se transportan de las fábricas a las tiendas de todo el mundo. Los productos viajan en barcos, aviones, camiones y trenes. El tren suele ser la forma más económica de transporte de mercancías.

Los trenes más novedosos se denominan *monster trains* en inglés. Cientos de vagones se unen para formar un tren de más de tres millas de largo. Las computadoras indican a cada vagón cuándo girar, acelerar y frenar. Juntos, pueden llevar más de 10,000 toneladas de productos de una vez. Estos trenes reducen la contaminación y trasladan los productos más rápido.

## BAJO EL MAR

En tren podemos atravesar montañas, cruzar el desierto o viajar bajo el océano. El Eurotúnel se construyó bajo el agua y conecta Inglaterra y Francia gracias al ferrocarril. Otro túnel todavía más largo conecta dos de las islas del Japón.

## ¡ARRE!

Los primeros trenes de pasajeros no podían adelantar a un caballo que fuera a cinco millas por hora. No obstante, los trenes de alta velocidad actuales no son tan lentos. Los que recorren China pueden alcanzar velocidades de 300 millas por hora.

Algunos trenes asiáticos viajan a tanta altitud en las montañas que los pasajeros deben llevar mascarillas de oxígeno para sobrevivir.

# Por el aire

Cuando se trata de transportes, nos gustan tanto las alas como la ruedas. Algunos aviones son enormes, como el A-380. Tiene dos pisos y en él caben 525 pasajeros. Los **ingenieros** también están diseñando aviones silenciosos. También se están fabricando otros que funcionan con electricidad. Estos diseños usarán tecnología de avanzada para llevarnos más lejos más rápidamente.

## AMANECER, ANOCHECER

Para evitar que los pasajeros tengan *jet lag*, algunos aviones están empezando a usar luces que simulan el amanecer y el anochecer. Se cree que el hecho de que las luces se vuelvan más tenues o más intensas durante el viaje facilita que el cuerpo cambie los biorritmos.

réplica de un avión eléctrico

## ACONDICIONAR EL AVIÓN

La mayoría de las personas nunca viajarán en los aviones más increíbles del mundo. Algunos aviones privados de la clase pudiente son como hogares en el cielo. Estas aeronaves tienen cascadas, dormitorios, comedores y cuartos de baño con duchas de agua caliente y lavabos chapados en oro.

la interpretación de un artista de un posible avión futurista

# ¡MÁS EN PROFUNDIDAD!

## UN ASUNTO DE COMBUSTIBLE

Para llevar suficiente combustible al cielo como para que un avión viaje alrededor del mundo, se necesitan un motor potente y mucha energía. Pero ¿qué ocurriría si los aviones pudieran volar sin llevar combustible? Los científicos están estudiando varias maneras de hacerlo.

Unas alas que se muevan como las de las aves permitirían a los aviones generar su propia energía y viajar durante varias semanas sin parar.

La energía generada por las algas puede aprovecharse como combustible para aviones y para mejorar la calidad del aire.

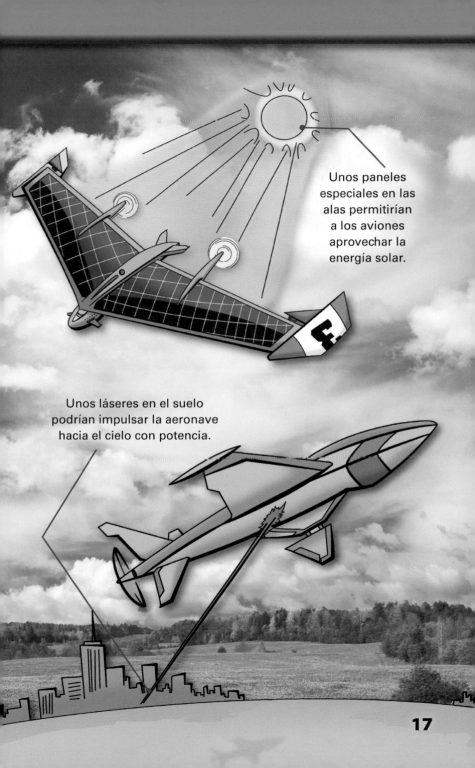

Unos paneles especiales en las alas permitirían a los aviones aprovechar la energía solar.

Unos láseres en el suelo podrían impulsar la aeronave hacia el cielo con potencia.

# Los vuelos del futuro

Solo unas 500 personas han viajado al espacio. Ahora se trabaja para construir una nave que pueda llevar a miles de turistas al espacio. Algunas empresas están probando nuevos diseños. Si los viajes se vuelven rápidos y frecuentes, quizá algún día cualquier persona pueda viajar al espacio. Las empresas podrían extraer minerales de los asteroides. Los artistas podrían ir a la Luna para pintar la Tierra desde allí. Podríamos pasar las vacaciones de verano en órbita. Y los estudiantes podrían viajar a Marte para realizar experimentos.

## INGRÁVIDOS

Si los cohetes para pasajeros consiguen despegar, estos tendrán la oportunidad de experimentar la falta de gravedad en el espacio. Los turistas del espacio podrán quitarse el cinturón de seguridad y flotar.

18

## HAZTE ASTRONAUTA

Si dispones de 200,000 dólares, puedes comprar un billete para viajar en la *SpaceShipTwo*. Una vez que termine la fase de pruebas, la *SpaceShipTwo* llevará a los turistas del espacio adonde aún no ha viajado nadie, excepto los astronautas.

# Recibir el mensaje

¿Quieres compartir una idea con un amigo o simplemente saludar? En materia de comunicación, contamos con muchas opciones. Podemos llamar por teléfono o enviar un correo electrónico. Muchas personas comparten sus ideas escribiendo en un blog. Un mensaje de texto rápido es una manera fácil de saludar. Por supuesto, también podemos escribir una carta.

Los humanos llevamos mucho tiempo buscando formas de grabar y compartir la información. La invención de la escritura es uno de los mayores avances de todos los tiempos en materia de comunicación. En la actualidad, seguimos basándonos en esa tecnología.

Un empleado ensambla un teléfono celular.

## MENSAJE GUARDADO

¿Cuánto tiempo llevan escribiendo los humanos? Nadie lo sabe con certeza. Los mensajes escritos en el barro o la madera, en papel o tela, se destruyen fácilmente. Una de las primeras muestras de escritura que se conservan data de hace unos 5,500 años. Se trata de un grabado en cerámica que se encontró en Pakistán.

# Enviar señales

Los teléfonos inteligentes lo son tanto como su nombre indica. Nos indican cómo llegar a un sitio, resuelven problemas y nos ayudan a divertirnos. En el futuro, quizá los teléfonos fabriquen **hologramas**. Podrían tener el grosor de una galleta y convertirse en computadoras. Podrían fabricarse con paneles de vidrio que generaran energía a partir del sol o del aire. Algún día, quizá los teléfonos se fabriquen con sustancias **biodegradables**, como el heno.

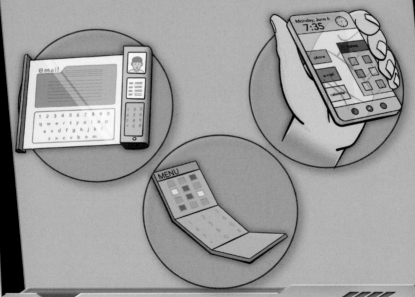

## DE LOS LABIOS A LA PANTALLA

¿Seguiremos escribiendo con bolígrafo o con la ayuda de un teclado dentro de unos años? Quizá las computadoras se encarguen de la escritura. Ya existen programas informáticos que transforman el habla de una persona en palabras escritas. Se denominan *programas de reconocimiento de voz (VRS)*.

## ¿CÓMO SE DICE?

Los **lingüistas** trabajan con programadores informáticos para desarrollar maneras más fiables de traducir los textos y el habla. La tecnología básica ya existe, pero los resultados varían de poco fiables a inutilizables. Las nuevas tecnologías también permitirán a las personas hablar en dos lenguas diferentes y entenderse la una a la otra casi al instante. Las computadoras están aprendiendo a traducir frases completas de una vez en lugar de palabra por palabra. Las traducciones ya van teniendo más sentido.

El inventor del teléfono celular, Marty Cooper, cree que algún día llevaremos teléfonos diminutos bajo la piel o detrás de las orejas.

# Llévame ante tu líder

Hablar con amigos de todo el mundo no es ninguna novedad. No obstante, ¿y si hablásemos con amigos de otros planetas? Los ingenieros están buscando la manera de que nos comuniquemos con los seres vivos que quizá existan en otros mundos.

Para hablar con los extraterrestres, primero debemos buscarlos. Si existen, quizá ellos también estén tratando de encontrarnos. Los científicos están buscando señales que podrían provenir de los extraterrestres. Sin embargo, el espacio es muy grande. Por ello, debemos descubrir cuál es el lugar más idóneo para buscar indicios de vida. Los científicos envían satélites hacia estrellas cercanas que parece que tienen planetas. Luego esperan recibir señales luminosas o de radio que parezcan seguir un patrón. Si este patrón fuera complejo, eso podría indicar que existe vida inteligente.

## ENCANTADO DE CONOCERLE

En 1977, la sonda Voyager llevó un disco de oro al espacio. Contenía música, el sonido de las ballenas, personas hablando y más información sobre la vida en la Tierra. Los científicos esperan que, si los extraterrestres lo encuentran, sepan **descodificar** el disco y aprendan sobre la Tierra.

bacteria hallada en un glaciar

## ¿DÓNDE BUSCAR?

Los científicos estudian la vida en los lugares extremos de la Tierra para descubrir dónde puede haber sobrevivido la vida extraterrestre en otros planetas. Se han encontrado pequeñas formas de vida en los volcanes terrestres, en las profundidades del océano y bajo una capa de hielo.

# Codificación

Los adelantos en las comunicaciones no solo implican compartir información. La mayor parte de las tecnologías más novedosas se han diseñado para proteger nuestros **datos**. Dado que se almacena mucha información personal en línea, es importante que esté segura. Los archivos **codificados** protegen las contraseñas, los nombres, las direcciones y otros datos importantes en línea.

Los ladrones están encontrando formas nuevas de robar información. Por eso, los programadores informáticos están desarrollando nuevas formas de mantenerla a salvo. Pueden ocultar datos privados o transformarlos en un código que no pueda leerse si no se sabe la contraseña.

## PROTECCIÓN GUBERNAMENTAL

La Agencia de Seguridad Nacional (*NSA*) se creó para proteger información de Estados Unidos. Este organismo también examina los datos de todo el mundo en busca de posibles amenazas a la seguridad nacional. Las personas que descifran los códigos y las que los crean trabajan juntas para proteger la información que debe permanecer en secreto y revelar la que debe hacerse pública.

# PROTEGER NUESTROS DATOS

Cualquier palabra o imagen puede codificarse si varias personas se han puesto de acuerdo acerca del mensaje. Una **clave** asegura la privacidad de los mensajes sustituyendo los elementos que se usan para crearlos. Puede ser simple, como la que se muestra a continuación, o muy compleja. Cuanto más complicada sea, más difícil será que quienes descifran los códigos descubran el mensaje. Prueba la técnica básica de codificación que presentamos a continuación.

**1**

Dibuja dos cuadrículas como la del tres en raya y dos X, como en la imagen.

**2**

Rellena las cuadrículas con letras, como en la imagen. Señala con puntos las dos últimas.

**¡ALTO! PIENSA...**

- ¿Cuál es la diferencia entre un código y una clave?

- ¿Cómo se relacionan las letras con las formas geométricas?

- ¿Cómo podemos aumentar la dificultad de esta clave?

**3**

Para crear una clave, escribe el mensaje usando la forma geométrica que rodea cada letra.

H =      S =

**4**

Enseña a tus amigos las cuadrículas y animales a descifrar la clave. O intenta descifrar este mensaje:

# Copiones

¿Necesitas material de promoción para ofrecer lavado de autos? O quizá has hecho un dibujo caricaturesco y quieres distribuirlo. No tienes por qué hacer las copias a mano. Las fotocopiadoras facilitan la tarea de compartir información con un grupo. Pero ¿y si queremos enviar a un amigo una copia de la escultura que hemos hecho en clase de arte? Quizá eso también sea fácil pronto. Se están fabricando copias **tridimensionales (3-D)** en laboratorios de todo el mundo. Esto se hace a partir de capas de polvos especiales. El resultado final parece igual que el objeto original.

### HECHO EN 3-D

La impresión en 3-D ya se ha usado para fabricar objetos como audífonos y zapatos. ¡Hasta se ha utilizado para fabricar un automóvil experimental!

Un científico estudia un objeto impreso en 3-D.

## OBJETOS TECNOLÓGICOS

Las impresoras con tecnología 3-D pueden reproducir objetos rápidamente, ya sean modernos o antiguos. Se trata de una buena noticia para los arqueólogos. Estos investigadores estudian objetos antiguos para aprender acerca de las personas que vivieron hace mucho tiempo. A diferencia de los originales, que pueden ser demasiado valiosos, las copias pueden abrirse, analizarse y compartirse con los investigadores de todo el mundo.

Las carcasas transparentes nos permiten ver las impresoras de 3-D en acción.

# Tinta electrónica

El papel y la tinta electrónicos se fabrican para que parezcan papel normal con funciones extraordinarias. Cuando se perfeccione la tecnología, el papel electrónico contendrá texto e imágenes que podrán mantenerse a salvo durante miles de años. Permitirá que todo pueda actualizarse al instante con la información más reciente, desde las etiquetas de precios a los periódicos. A diferencia de una tableta, el papel electrónico puede ser flexible y es resistente a los arañazos. No debería romperse, aunque se caiga de una mochila. La **comodidad** y el diseño se unirán para reducir los residuos.

El papel electrónico, delgado y flexible, también consumirá menos energía que una computadora normal.

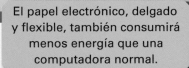

## ENROLLA Y VÁMONOS

Quizá algún día, el papel electrónico venga en un tubo que se desenrolle y se transforme en una hoja plana para leer cómodamente. La información puede descargarse con facilidad. Cuando ya no se necesite, el papel puede volver a enrollarse.

## ECHA UN VISTAZO

Si la tecnología gana popularidad, el coste del papel electrónico podría reducirse. Eso hará que todos tengamos acceso a cantidades increíbles de información, sin importar lo lejos que nos encontremos de una biblioteca.

Muchos consideran que la imprenta, que data del siglo xv, es uno de los inventos más importantes de todos los tiempos. ¿Será el papel electrónico tan increíble?

# Cambios saludables

Imagina un mundo sin enfermedades. Los robots ayudarían a los humanos heridos a realizar sus tareas. Y el tratamiento médico sería **personalizado**, para tratar a cada paciente de una forma precisa. Las enfermedades podrían tratarse antes de que se propagaran. Los investigadores están tratando de convertir este mundo en realidad.

## Vacunas

Desde que se creó la primera **vacuna**, hace más de 200 años, los médicos han estado trabajando para frenar las enfermedades antes de que causen daños. Estos profesionales administran las vacunas inyectando una versión debilitada de un **virus** en el cuerpo. No obstante, los virus se encuentran en constante cambio, lo que implica que siempre se necesitan nuevas vacunas.

En el futuro, los robots ayudarán a los ancianos a vivir por su cuenta durante más tiempo. Ahora, los robots pueden recordarles que tienen que tomar los medicamentos. También pueden buscar ayuda en caso de emergencia.

# UN POQUITO DE AZÚCAR

Los médicos saben que puede ser difícil poner una inyección a todas las personas que necesitan una vacuna, por lo que están desarrollando otros métodos.

Puede colocarse sobre la piel un parche con agujas diminutas. Este método puede resultar útil en zonas en las que sea difícil adquirir jeringuillas o encontrar a gente formada para poner inyecciones.

Las vacunas para la gripe común pueden administrarse por la nariz con un aerosol.

1 DOSE VIAL
MEASLES, M
LA VIRUS

Hoy en día, la mayoría de las vacunas deben refrigerarse para que funcionen. Se están desarrollando vacunas nuevas que no es necesario refrigerar.

# Tratamientos a medida

En la actualidad, no todos los tratamientos médicos funcionan en todos los pacientes. De hecho, algunos, pensados para ayudar, pueden causar más daños que beneficios. Un tratamiento nuevo puede desencadenar una **reacción alérgica**. O quizá simplemente no funcione. El éxito de los tratamientos médicos es variable. Entonces, ¿cómo deciden los médicos cómo tratar a los pacientes? Ahora mismo puede tratarse de una cuestión de prueba y error. Por eso, los médicos están desarrollando una **medicina personalizada**. Con este método, los pacientes recibirán un tratamiento especial diseñado para ellos. Los médicos analizarán el **ADN** de cada paciente para descubrir cuál es el mejor tratamiento la primera vez. Los tratamientos personalizados quizá puedan prevenir enfermedades antes de que se manifieste algún síntoma.

Un médico examina al microscopio los resultados de los análisis de un paciente.

# ADELANTOS EN MEDICINA

## AYER

Los médicos prescribían dosis normales a los pacientes. Si no funcionaban, volvían a intentarlo.

No se entendía por qué algunos medicamentos no funcionaban en algunas personas.

No se entendía el papel de los **genes** en la respuesta de un paciente a un tratamiento.

## HOY

Los médicos usan los datos y la tecnología más novedosos para identificar las necesidades concretas de los pacientes.

Los científicos inician a entender la interacción de los medicamentos. La reacción de un paciente a un nuevo medicamento puede no ser positiva si interfiere con tratamiento anterior.

Los médicos están aprendiendo cómo los genes hacen que los pacientes reaccionen de forma diferente al mismo medicamento.

## MAÑANA

En vez de tener en cuenta simplemente el peso o la edad del paciente, los médicos prescribirán medicamentos en función de los genes de este.

Así se evitarán las reacciones peligrosas y la recuperación será más rápida.

Las compañías farmacéuticas podrán fabricar medicamentos para personas con ciertos genes.

Los científicos están desarrollando maneras de probar cientos de tratamientos rápidamente en una sola muestra de células del paciente.

# Cuerpos biónicos

Nuestro cuerpo es frágil. Los huesos pueden romperse. Enfermedades pueden destruir nuestros órganos. Y, hasta ahora, hemos confiado en los medicamentos y los **donantes de órganos** para curarnos. Sin embargo, los medicamentos no siempre funcionan. Y no hay suficientes donantes de órganos como para cubrir las necesidades de quienes sufren. Los últimos adelantos en **prótesis** podrían ayudar.

Los médicos están trabajando con empresas de robótica para desarrollar extremidades protésicas que puedan realizar las tareas normales y mucho más. Estas extremidades **biónicas** se fabrican con los materiales que se emplean en los coches deportivos y los aviones. Las patas de los guepardos inspiraron algunos de los ejemplos más increíbles. Estas piernas biónicas pueden ayudar a las personas a correr más rápido. El siguiente paso serán partes del cuerpo que puedan controlarse con la mente.

La palabra *biónico* viene del término griego *bio*, que significa "vida", y de *ónico*, un acortamiento de *electrónico*. Por lo que significa "vida que es electrónica".

Los científicos están desarrollando brazos protésicos que se controlan con la mente. Descubre cómo funcionan estas increíbles extremidades.

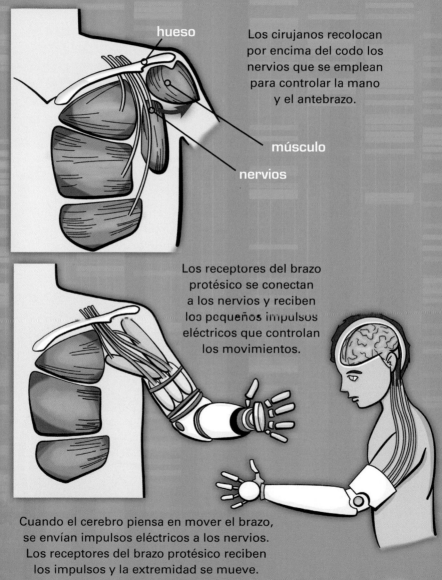

hueso

Los cirujanos recolocan por encima del codo los nervios que se emplean para controlar la mano y el antebrazo.

músculo

nervios

Los receptores del brazo protésico se conectan a los nervios y reciben los pequeños impulsos eléctricos que controlan los movimientos.

Cuando el cerebro piensa en mover el brazo, se envían impulsos eléctricos a los nervios. Los receptores del brazo protésico reciben los impulsos y la extremidad se mueve.

# LA TINTA DE LA VIDA

Las extremidades biónicas nos permiten hacer cosas que nunca imaginamos. No obstante, la mejor forma de curar los tejidos vivos es con otros tejidos vivos. Se están diseñando impresoras de 3-D para crear una de las cosas más complejas de la Tierra: los órganos humanos. Estos órganos personalizados serán capaces algún día de curar heridas, arreglar huesos fracturados y sustituir órganos dañados.

## 1 Tomar una fotografía

Los cirujanos crean una imagen en 3-D del tejido vivo con escáneres especiales.

## 2 Elaborar un plan

A partir de la imagen en 3-D, un programa informático crea un mapa del tejido. Se miden en detalle las distancias y la profundidad.

### Añadir la tinta

Las células vivas del paciente se usan a modo de tinta. Con la orientación de la bioimpresora, estás células darán lugar a otras nuevas.

### Imprimir

La bioimpresora sigue el plan diseñado por la computadora y extiende las células vivas en delgadas láminas gelatinosas. Cuando se solidifica una capa, se añade otra encima.

### Probar

Una vez que el tejido está impreso, se somete a muchas pruebas. Si se trata de tejido para un órgano, se bombeará sangre a través de él.

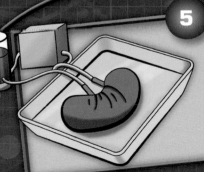

Makoto Nakamura fue una de las primeras personas que desarrollaron la tecnología de bioimpresión. Se le ocurrió la idea cuando vio que una gota de tinta de una impresora normal tiene aproximadamente el mismo tamaño que una célula humana.

# Ir más allá

A veces, la mejor manera de avanzar es simplificar una idea. Sin gafas, muchas personas no ven suficientemente bien como para conducir o trabajar. Pero las gafas pueden ser caras. A menudo, la visión empeora con el tiempo. Esto quiere decir que, al final, se necesitarán gafas nuevas. Muchas personas no pueden permitírselas ni pueden acudir a la consulta del oculista. La tecnología más novedosa permite ajustar las lentes para ver con claridad a medida que cambia la visión.

Hay varios tipos de gafas ajustables. Uno de ellos usa lentes rellenas de líquido para corregir la vista.

## VER BIEN CON VISTA CANSADA

Estas gafas usan dos lentes diferentes para cubrir los distintos niveles de pérdida de visión. La persona desliza una lente de plástico sobre la otra hasta que ve mejor. De esta forma, podemos corregir la vista a lo largo del tiempo sin acudir al oculista.

## UNA SOLUCIÓN CON MUCHA VISTA

Se están diseñando robots para ayudar a ver a las personas. Pueden crear mapas con puntos en relieve que los usuarios pueden tocar para "ver" dónde están. Otros pueden "ver" y describir el color, el tamaño, la distancia o incluso el precio de algo simplemente apretando un botón. Estas nuevas tecnologías ayudan a las personas con problemas de visión graves a tener más libertad.

# El superhombre

Uno de los retos principales en Medicina es ayudar a caminar de nuevo a las personas **paralizadas**. En el pasado, unos ejercicios dolorosos permitían a los **parapléjicos** volver a mover las extremidades. Algunos recuperaron la fuerza en la parte superior del cuerpo y aprendieron a usar la silla de ruedas. Es muy poco frecuente que estas personas puedan volver a caminar. Sin embargo, con las nuevas tecnologías, más personas paralizadas podrán volver a dar sus primeros pasos hacia adelante.

## UNA DESCARGA ELÉCTRICA

Las nuevas investigaciones con ratas paralizadas muestran que la electricidad puede ser la clave para ayudar a caminar a los parapléjicos. Los científicos conectaron las ratas a un brazo robótico que las mantenía erguidas. También les suministraron descargas eléctricas. La combinación de la electricidad y el brazo robótico ayudó a las ratas a caminar. Ahora se investiga si estas técnicas pueden ayudar también a los humanos.

## ROBOTS QUE SE LLEVAN PUESTOS

Ha habido avances en el campo de las prótesis, pero no sirven de mucho a las personas paralizadas de forma importante. Ahora llega el robot que se puede poner. Parece un esqueleto mecánico. Se coloca por encima de la ropa. Los motores se encuentran junto a las caderas y las rodillas del usuario y pueden dirigirse con un mando a distancia. Gracias a este robot tan avanzado y a la ayuda de un fisioterapeuta, muchos parapléjicos podrían aprender a caminar de nuevo.

# ¿Qué es lo siguiente?

La búsqueda de nuevas formas de entretenimiento siempre ha impulsado la tecnología hacia adelante. Desde que se inventaron hace 100 años, las películas se han transformado. Pasaron de ser mudas y en blanco y negro a la versión moderna, con sonido envolvente y vídeo en 3-D. Los videojuegos llevan con nosotros todavía menos tiempo. El primero que tuvo éxito, *Pong*, no se puso a la venta hasta 1972. Sin embargo, en solo algo más de 40 años, los videojuegos se han convertido en logros tecnológicos.

## 2 Conocimiento

Las personas pueden ver programas de televisión en los que se hable de la alimentación, leer en un libro que sus personajes favoritos tratan de perder peso o participar en un juego en línea que muestra la relación entre la alimentación y la salud. Aprenden que los alimentos poco saludables y la falta de ejercicio son causantes del problema.

# ENTRETENIMIENTO EDUCATIVO

La televisión, las películas, los libros y los juegos no solo sirven para entretener. Pueden informarnos acerca de nuevas ideas importantes. Los investigadores han descubierto que hay cuatro fases del aprendizaje que tienen lugar durante el entretenimiento.

## 1 Concienciación

Primero, el público debe saber que existe un problema. Por ejemplo, muchas personas tienen sobrepeso. Este tema puede aparecer en los programas de televisión, los libros, los juegos y otras formas de entretenimiento.

## 3 Una nueva mentalidad

Con el tiempo, el público puede preocuparse por el problema y buscar formas de hacerle frente. Tras ver que un personaje tiene unos hábitos poco saludables, quizá decidan que quieren llevar una vida más sana.

## 4 Una nueva actitud

Tras ver que los personajes cambian, el público puede decidir adoptar hábitos más saludables y empezar a comer mejor y a hacer más ejercicio.

47

# El triunfo de la televisión

En los primeros televisores se veían imágenes borrosas en blanco y negro. Ahora vemos imágenes muy claras en pantallas de televisión de alta definición. Los televisores planos pueden colgarse en la pared, como un cuadro. Podemos elegir entre cientos de canales. Ahora no solo vemos programas en el televisor. También lo hacemos en la computadora o el teléfono celular. En el futuro, quizá no tengamos televisores. En su lugar, podríamos tener pantallas multifuncionales en casa. Podríamos usarlas para jugar, realizar llamadas con vídeo y, por supuesto, ver la televisión.

## COMBINACIÓN

Los fabricantes están buscando la forma de combinar dos de nuestros aparatos electrónicos favoritos: la computadora y la televisión. Están desarrollando programas que pueden usarse en televisores grandes igual que en las computadoras. Quizá algún día podremos navegar por la red, consultar la previsión meteorológica y escribir un correo electrónico en el televisor.

## OBJETOS PERDIDOS

En el futuro, quizá no podamos perder el mando a distancia. Eso ocurrirá porque puede que no tengamos ninguno. Quizá los telespectadores del futuro sean capaces de comunicarse con sus televisores realizando gestos con las manos. Ya se ha desarrollado la tecnología que puede hacerlo posible.

Una mujer trata de controlar un nuevo modelo de televisor con la mano.

# No sueltes las palomitas

Hoy en día son populares las películas en 3-D. Las personas que las ven llevan gafas especiales. Estas hacen que los objetos parezcan salir de la pantalla hacia el espectador. Las películas en 3-D existen desde principios de la década de 1920. No obstante, no se popularizaron hasta la década de 1950.

Los productores están intentando que nos entusiasmemos con la idea de ir al cine. Las salas de 4-D ofrecen todavía más efectos especiales. Los olores, la vibración de los asientos, los ventiladores y el vapor de agua hacen que los espectadores parezcan formar parte de la acción. Estas salas ya son un gran éxito en Corea del Sur, México y Tailandia.

En la actualidad, las empresas de electrónica están llevando la tecnología de 3-D de los cines a los hogares. Los espectadores llevan gafas para disfrutar de la televisión en 3-D desde la sala de estar.

# ¿CÓMO FUNCIONAN?

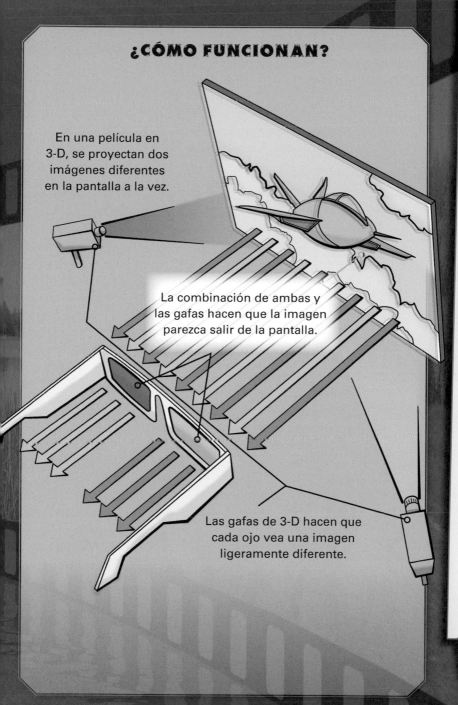

En una película en 3-D, se proyectan dos imágenes diferentes en la pantalla a la vez.

La combinación de ambas y las gafas hacen que la imagen parezca salir de la pantalla.

Las gafas de 3-D hacen que cada ojo vea una imagen ligeramente diferente.

# Un nuevo plan de juego

Las videoconsolas para el hogar comenzaron a venderse en 1972. Desde entonces, se han creado muchos sistemas. Se puede jugar en el televisor, la computadora y el teléfono celular. Los primeros juegos estaban realizados con puntos y líneas sencillos. En la actualidad, los juegos cuentan con bonitos gráficos que nos llevan a mundos fascinantes. Además, ahora no solo se juega con los pulgares. Se usa todo el cuerpo en juegos que **simulan** partidos de fútbol o fútbol americano o en los que tocamos con un grupo de rock.

¿Cómo evolucionarán los videojuegos en el futuro? Es probable que los gráficos sean cada vez más realistas y que disminuya el tamaño de la consola. Imagina la libertad de jugar a un videojuego para el que solo necesitamos un par de gafas especiales y un auricular. Los usuarios sentirán que controlan el juego totalmente. Quizá hasta olviden que están jugando.

## SIN MANOS

Se están desarrollando nuevos sistemas en los que no se usan las manos. En estos juegos, nos convertimos en el mando. La voz y los gestos indican al juego qué hacer. ¡Corre, salta y gira sin cables!

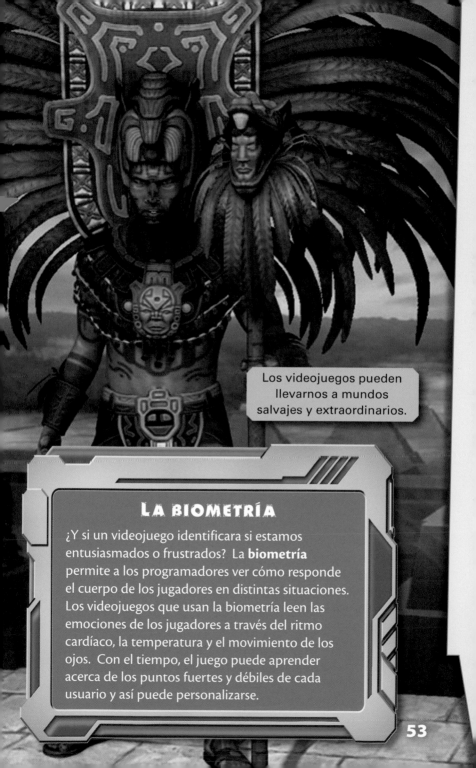

Los videojuegos pueden llevarnos a mundos salvajes y extraordinarios.

## LA BIOMETRÍA

¿Y si un videojuego identificara si estamos entusiasmados o frustrados? La **biometría** permite a los programadores ver cómo responde el cuerpo de los jugadores en distintas situaciones. Los videojuegos que usan la biometría leen las emociones de los jugadores a través del ritmo cardíaco, la temperatura y el movimiento de los ojos. Con el tiempo, el juego puede aprender acerca de los puntos fuertes y débiles de cada usuario y así puede personalizarse.

## PARECE REAL

La tecnología de **realidad virtual (VR)** hace que lo que vemos en un juego parezca real. Y cada vez es mejor. Puede que algún día sea difícil percibir la diferencia entre lo que es real y lo que solo forma parte del juego. Pero, incluso ahora, se está produciendo un desarrollo muy interesante de esta tecnología.

## FORMACIÓN

Antes de que los soldados se dirijan al campo de batalla, pueden practicar sus destrezas en un mundo virtual. Los programas de realidad virtual ayudan a los soldados a mejorar sus técnicas de combate.

Con las gafas se ven los gráficos en 3-D.

La realidad virtual no solo puede usarse en los juegos. Se están desarrollando algunos programas para ayudarnos a superar nuestros problemas. Nos ayudan a afrontar nuestros mayores miedos de forma segura. Quienes tienen miedo de volar, de las alturas o de las arañas pueden hacer frente a sus temores gracias a la realidad virtual. Pueden simular que volamos en avión o nos asomamos desde las alturas por encima de un tejado. Dar estos pasos en el mundo virtual puede ayudarnos a que nos resulte más fácil hacer estas cosas en el real.

Se colocan altavoces por toda la sala para que el juego resulte más real.

Todo se ha creado para que sintamos que formamos parte del juego.

En algunos juegos de realidad virtual más avanzados, las pantallas rodean al usuario y se encuentran hasta en el techo y en el suelo.

# La tecnología del mañana

La tecnología cambia cada día. Es difícil predecir lo que traerá el mañana. No obstante, algunas cosas son casi seguras. En el futuro, la tecnología desempeñará un papel todavía mayor en nuestras vidas. Las máquinas serán cada vez más pequeñas. Los juegos serán más rápidos y divertidos. Y seguramente habrá cada vez más cosas que nos dejen sin aliento y nos hagan decir: "¡Qué bien que se le haya ocurrido a alguien!".

Quizá algún día las gafas de holograma podrán proyectar una imagen sin necesidad de ninguna pantalla de computadora.

Wanna meet up today?

**6** Subway service suspended.

64°

58° 10% chance

Unas gafas mejoradas pueden facilitarnos información actualizada sobre el mundo, como mensajes de amigos, el parte meteorológico y el estado del tráfico.

# Glosario

**ADN:** sustancia que constituye todos los seres vivos; contiene información genética

**biodegradables:** capaces de destruirse y descomponerse lentamente en partes muy pequeñas de forma natural

**biometría:** proceso de detección de los rasgos físicos únicos de una persona y su uso para crear una experiencia personalizada en un aparato electrónico

**biónicas:** con la capacidad de realizar una tarea con la ayuda de un aparato electrónico

**cadena de montaje:** conjunto de máquinas, herramientas y trabajadores que ensamblan un producto de forma que cada uno realiza un trabajo concreto en una unidad incompleta a medida que pasa por una serie de fases

**clave:** forma de escribir un mensaje para ocultar su significado

**codificados:** convertidos en código

**comodidad:** cualquier cosa que ahorre trabajo o lo simplifique o que facilite algo

**contaminación:** sustancias que ensucian la tierra, el agua o el aire y los vuelven peligrosos o no aptos para el uso

**datos:** información sobre algo que pueden usarse para calcular, razonar o planificar

**descodificar:** transformar un código en lenguaje ordinario

**donantes de órganos:** personas de las que se toma un órgano para dárselo a otra

**genes:** partes de las células que controlan el aspecto o el crecimiento de un ser vivo o influyen en ellos

**híbridos:** de origen mixto o compuesto, como un automóvil que funciona tanto con gasolina como con electricidad

**hologramas:** imágenes fabricadas por láser que parecen tridimensionales

**ingenieros:** personas formadas para construir máquinas y
estructuras, como puentes

*jet lag*: estado caracterizado por cansancio y mal humor, que
tiene lugar tras realizar un vuelo largo a través de varios
husos horarios

**lingüistas:** personas que estudian idiomas y saben más de uno

**medicina personalizada:** enfoque médico que usa la
información sobre la dotación genética única de un
paciente para personalizar su tratamiento y que este se
adapte a sus necesidades concretas

**paralizadas:** incapaces de ser movidas o percibidas como parte
del cuerpo

**parapléjicos:** personas que han perdido la movilidad de las
piernas por una enfermedad o lesión de la médula espinal

**personalizado:** modificado o construido según las indicaciones
o las preferencias personales

**prótesis:** la rama de la cirugía o la odontología que se ocupa de
sustituir las partes que faltan con estructuras artificiales

**reacción alérgica:** respuesta negativa del cuerpo a una
sustancia

**realidad virtual (VR):** simulación realista de un entorno,
con gráficos tridimensionales, generada por un sistema
informático

**simulan:** tienen la apariencia o reproducen

**tridimensionales (3-D):** que tienen o parecen tener longitud,
anchura y altura

**vacuna:** microbios muertos, debilitados o plenamente
infecciosos que se inyectan para evitar que una enfermedad
concreta afecte a una persona

**virus:** organismo simple que transmite enfermedades de una
persona o un animal a otros

# Índice

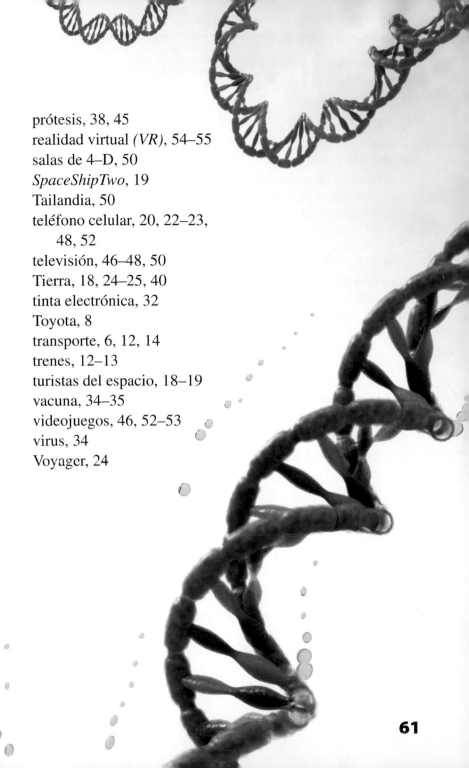

# Bibliografía

**Solway, Andrew.** *Hydrogen Fuel*. **Gareth Stevens Publishing, 2007.**

La gasolina, la madera y el gas natural son tipos corrientes de combustible, pero ¿has oído hablar del hidrógeno? Este es el responsable de la asombrosa energía del sol. Descubre más cosas sobre las pilas de combustible de hidrógeno y la carrera de los científicos para crear una pila que sustituya todos los demás tipos de combustible.

**Somervill, Barbara A.** *The History of the Telephone (Our Changing World—The Timeline Library)*. **Child's World, 2004.**

Se invirtió mucho trabajo en la creación del teléfono moderno. Lee acerca de los primeros intentos de enviar la voz humana por un cable. Descubre todos los entresijos del primer teléfono de Alexander Graham Bell y en qué se diferencia del teléfono celular actual.

**Williams, Brian.** *Who Invented the Automobile? Breakthroughs in Science and Technology*. **Arcturus Publishing, 2010.**

El automóvil gana potencia a medida que lo hace la tecnología. Este libro recoge la evolución de este, desde el comienzo, cuando era un simple vagón con motor, hasta los coches deportivos modernos, capaces de alcanzar velocidades de más de 200 millas por hora. Lee acerca de los cambios que ha experimentado el automóvil a lo largo de la historia y cómo seguirá transformándose en una máquina todavía más increíble.

**Wulffson, Don.** *The Kid Who Invented the Trampoline: More Surprising Stories About Inventions*. **Dutton Juvenile, 2001.**

Aprende más sobre algunos de los inventos más útiles de la historia, como los dientes postizos, el retrete, el papel higiénico y el trineo. A través del uso de fotografías, dibujos y grabados, los inventos cobran vida.

# Más para explorar

### Federal Communications Commission Kids Zone
*http://transition.fcc.gov/cgb/kidszone/*

En esta divertida página web para niños, la *FCC* (quienes elaboran las normas sobre el uso del teléfono y de Internet) responde a varias preguntas sobre cómo nos comunicamos, incluidas: *¿Cómo funcionan los teléfonos? ¿Cuándo se inventaron los teléfonos celulares? ¿Qué es la televisión por cable? ¿Cómo funciona una radio?*

### A History of Video Game Consoles
*http://www.time.com/time/interactive/0,31813,2029221,00.html*

*TIME* repasa el nacimiento y el desarrollo de la videoconsola. Comenzando en 1967 con la "Brown Box", los lectores aprenden cómo cambiaron las videoconsolas con el tiempo y se transformaron en las que conocemos hoy.

### Discovery Young Scientist Challenge
*http://www.youngscientistchallenge.com/*

¿Estás listo para convertirte en científico? Entonces dirígete al *Discovery Young Scientist Challenge*. Cada año, *Discovery Education* reta a los jóvenes científicos a que inventen, creen, resuelvan e innoven de cara al futuro. Explora las increíbles oportunidades que ofrece la ciencia y participa en uno de los concursos científicos más grandes del mundo.

### Cyber Sleuth Kids
*http://cybersleuth-kids.com/sleuth/Science/Inventors/*

¿Por qué a las huchas se las llama en inglés *piggy banks*? ¿Quién inventó la mantequilla de cacahuete? ¿Cuándo se construyó el primer dirigible? Busca respuestas para estas preguntas y muchas más aquí. Usa este sitio para realizar un trabajo de investigación o simplemente pasa unos minutos leyendo sobre la creación de Internet, la invención de la pila o cómo aparecieron las tiritas.

# Acerca
## de la autora

Jennifer Kroll espera conducir un automóvil que funcione con energía solar y tener una mochila cohete algún día. Mientras tanto, se ha graduado por la Universidad de Notre Dame, el *Boston College* y la Universidad de Auburn. Ha sido redactora jefe de la revista *Weekly Reader's Read* y ha escrito 10 libros infantiles. Jennifer vive en Connecticut con su familia.